Sieglinde Josefine Böckle

# Das Leuchten der Seele

## Die Einkehr beim Ich

# Das Leuchten der Seele

## Die Einkehr beim Ich

Sieglinde Josefine Böckle

Bibliografische Information der Deutschen Nationalbibliothek: Die Deutsche Nationalbibliothek verzeichnet diese Publikation in der Deutschen Nationalbibliografie; detaillierte bibliografische Daten sind im Internet über http://dnb.dnb.de abrufbar.



Lektorat: Sieglinde Josefine Böckle
Korrektorat: Anika Rother
Cover-Design und Buchsatz: Anika Rother

Verlag: BoD · Books on Demand GmbH, In de Tarpen 42, 22848 Norderstedt, bod@bod.de

Druck: Libri Plureos GmbH, Friedensallee 273, 22763 Hamburg

ISBN: 978-3-7693-2263-7

# Inhaltsverzeichnis

# 1.0. VORWORT

Ich habe mein Leben lang versucht, es möglichst allen recht zu machen
- was ja eigentlich gar nicht möglich ist.

Diese Erkenntnis hat lange auf sich warten lassen.

Das ist der Grund, warum dieses Buch entstanden ist – oder besser gesagt, aus welchen Gedanken heraus es entstanden ist.


Auch ich war ein Suchender.
Ich habe in mir immer gespürt, dass das Leben, so wie es ist, noch nicht
alles gewesen sein kann.
Da muss noch irgendwie eine Sache im Verborgenen sein.

In meiner frühen Kindheit habe ich noch etwas gefühlt, was ich im Laufe
der Zeit verloren habe.
Aber ich konnte es nicht mehr abrufen. Zu viel ist von außen auf mich
eingeprasselt:
Regeln, Verbote, Vorschriften, Aufgaben, Erwartungen – jede Menge
Schablonen, in die man passen sollte.

Wie erwähnt, erblickte ich am 29. Februar 1960, als Sieglinde Josefine
Zug, das Licht der Welt.
Ich glaube, meine Eltern, Josef und Maria Zug, waren nicht so sehr erfreut darüber, denn ich war die dritte Tochter, und sie hätten sich so
sehr einen Sohn gewünscht (der dann aber fünf Jahre später noch
kam).
Außerdem war es ein Schaltjahr und, als ob das nicht schon genug
wäre, kam noch dazu, dass es der Rosenmontag war.

Als hätte ich dies gespürt (habe ich vermutlich), wollte ich zu Anfang gar
nicht so gerne hier bleiben. Nach einem längeren Klinikaufenthalt bin ich
dann doch noch zuhause bei der Familie eingezogen.

Als im Sternzeichen Fische Geborene war ich während meiner Kindheit
immer eine kleine Träumerin.
Mit der Zeit hat man mir jedoch bestimmte Eigenschaften erfolgreich abtrainiert, da ich anscheinend nicht in das sogenannte Raster passte. Dabei lag es immer nur in meiner Absicht, meine Eltern stolz zu machen,
was aber mitunter manchmal ganz schön in die Hose ging.

Heute weiß ich, es war der Schrei nach Anerkennung, gesehen zu werden und letztendlich auch nach Liebe.
Wenn man mit drei Geschwistern aufwächst und dann noch das mittlere Kind ist, wird man vielleicht gern mal übersehen und muss auf sich aufmerksam machen.
Egal – meine Eltern haben versucht, ihr Bestes zu geben. Wir hatten soweit alles, was wir brauchten, um groß zu werden. Keine Reichtümer, aber sie haben alles versucht, was in ihrem Ermessen lag. Sie wussten es damals auch nicht besser.

Die Zeit war damals noch ganz anders, und da ich in einem Dorf aufgewachsen bin, wo jeder jeden kannte, war es ganz wichtig, so zu sein, wie es andere gerne sehen. Nur nicht aus der Reihe tanzen. Und leider war es auch immer noch so, dass die Frauen den Haushalt führten, die Kinder großzogen, den Ehemann versorgten und letztlich auch zuhause die Fäden in der Hand hielten. Mit Haus und Garten und eventuell noch ein paar Nutztieren war auch genügend zu tun.

Bald schon musste ich feststellen, dass für meine Träume in dieser Welt kein Platz war, weil der Plan, den andere für mich vorgesehen hatten, nicht damit vereinbar war. So kam es auch, dass ich die Gaben, die ich mit ins Leben gebracht hatte, alle verdrängte, um nicht aufzufallen und irgendwie in das Raster der Gesellschaft zu passen.
Oft mit dem Wissen, dass meine Seele weinte und schrie.
Der Schmerz war manchmal fast nicht auszuhalten.
Und doch habe ich sie zum Schweigen gebracht, weil ich es allen anderen recht machen wollte. Allen außer mir.

Ich hatte mich damals selbst total verloren und aufgegeben.
Aber eins hatte ich geschafft: Ich habe die Fassade aufrechterhalten, die man damals erwartet hat.

Im Laufe der Jahre habe ich viel einstecken müssen, viele Erfahrungen gesammelt – gute und weniger gute. Ich bin hingefallen und wieder aufgestanden.
„Das Leben meint es nicht gut mit mir", so habe ich damals gedacht.
Dabei war und ist es gar nicht so.

Das Universum hat mir viele Talente mitgegeben. Ich habe versucht, sie im Inneren meiner Seele aufzubewahren, da hier kein Ort war, wo man sie gebrauchen konnte. Wie in einer Kassette, die man verschließt und irgendwo aufbewahrt, wo sie keiner finden kann.

Mit 21 habe ich dann geheiratet und zwei Töchter bekommen. Die Ehe
hat nicht gehalten.
Ich habe immer gearbeitet und versucht, mein Bestes zu geben – und
das ist mir auch gelungen.
Als die Mädchen aus dem Gröbsten heraus waren, habe ich mich damals
entschlossen, eine Ausbildung zur Pflegefachkraft zu machen, was mir
dann doch sehr viel gegeben hat. Es war nicht der Traumberuf, den ich
mir immer vorgestellt hatte, aber es war eine gute Sache. Ich habe mich
weitergebildet und einiges erreicht. Dafür bin ich sehr dankbar.

Heute denke ich, dass diese Arbeit nach und nach dazu beigetragen hat,
wieder tiefer in mein Inneres zu finden.
Dafür danke ich dem Universum.

Ich weiß, es macht keinen Sinn, darüber nachzudenken, aber wie anders wäre mein Leben wohl verlaufen, wenn ich immer auf meine innere
Stimme gehört hätte?

Warum auch? Eigene Meinungen und Vorstellungen wurden ja erfolgreich abtrainiert. Selbstwert und Selbstbewusstsein waren lange Zeit
keine Begriffe, die man kennen musste.

Dem Himmel sei Dank, mit den Jahren hat sich dann meine innere
Stimme wieder bemerkbar gemacht.

Auch dank meiner angeborenen Kreativität habe ich weiter an meinen
Hobbys festgehalten, sofern es zeitlich möglich war. Sie haben mich
durch vieles hindurchgetragen.

Ich habe wieder zu mir selbst gefunden. Meine innere Stimme ist mit
der Zeit wieder lauter geworden. Mein inneres Kind ist wieder fein mit
mir.
Dafür bin ich jeden Tag voller Dankbarkeit.

Ich habe die Schönheit der Natur neu entdeckt. Ich gehe gerne in den
Wald – der Wald heilt vieles im Inneren der Menschen. Ich bin dankbar
für die Tiere auf der Erde. Seid gut zu ihnen; sie haben eine reine,
schöne Seele.

Wir Menschen brauchen die Natur.
Alles in ihr ist vollkommen. Kein Mensch könnte etwas Schöneres gestalten, als die Natur es vermag.

In der heutigen Zeit braucht die Seele einen Platz, wo sie verweilen und träumen kann.
Darum nimm dieses Geschenk an und gehe sorgsam damit um.

Auf der Erde ist vieles im Wandel.
Bleibe bei dir – deine innere Stimme weiß, was zu tun ist. Immer.

**„Wenn die Seele leuchtet**

wird es in dir ganz still,

dann wirst du es fühlen,

was sie dir sagen will.

**Wenn die Seele leuchtet,**

kannst du sie klar verstehen

und man kann das Leuchten

in deinen Augen sehen.

**Wenn die Seele leuchtet,**

ihr Licht dein Sein erhellt,

nichts wird dich mehr verzaubern

auf der ganzen Welt.

**Wenn die Seele leuchtet,**

gibt es einen Grund,

dann fühlt sie sich verstanden

und tut es damit kund.

**Wenn die Seele leuchtet,**

kehr bei dir ein, ganz still,

höre voll Vertrauen

was sie dir sagen will."

S. Böckle

## 2.0. DAS LEUCHTEN DER SEELE

Es gibt viele Kanäle, Bücher, Workshops, Readings und Coaching, die
uns versuchen zu sagen oder zu helfen, wie wir unseren eigenen Weg
finden. Aber nicht nur den eigenen Weg, sondern den einen Weg, den
viele von uns suchen, aber nicht finden können: den Weg, den unsere
Seele eigentlich geplant hatte, als sie auf der Erde inkarniert hat. Doch
leider verlieren oder verlassen viele Menschen irgendwann, ohne böse
Absicht oder lange Planung, den Seelenweg oder Seelenplan, ohne dass
es diesen Menschen überhaupt bewusst ist.

Das passiert einfach nur so.

Wir kommen auf diese Erde völlig frei von irgendwelchen Vorgaben,
Ängsten und Regeln, nur in dem Vertrauen, das sich mit der Bindung,
die wir im Mutterleib erfahren, entwickelt.
Deshalb ist es meines Erachtens nach so wichtig, dass sich eine wer-
dende Mutter in der Zeit der Schwangerschaft auf dieses kleine Lebewe-
sen, das da in ihrem Körper heranwächst, einlassen kann.
Denn Gefühle spielen eine große Rolle - nicht nur für das ungeborene
Lebewesen, sondern auch durch das ganze kommende Leben hindurch.
Gefühle sind die Sprache der universellen Macht, die uns allen inne-
wohnt.
Dass wir diese Gefühle im Laufe der Jahre verlieren, hat mehrere
Gründe.

Zum einen werden wir von den Eltern, Betreuern, Lehrern und Mitmen-
schen geprägt, und gleichzeitig wird versucht, uns in irgendwelche Raster zu packen. Ängste und Vorsichtsmaßnahmen werden uns auferlegt.
Eigene Entscheidungen werden oft, aus welchen Gründen auch immer,
abgeblockt von irgendwelchen Menschen, Situationen oder Umständen
jeglicher Art.
Oft bleibt von dem, was uns so eigen ist und uns ausmacht, am Ende
nicht mehr viel übrig.
Jeder meint es nur gut mit uns... aber weiß jeder wirklich, **was gut für
uns - für dich – ist**?

Als Kleinkind versucht man in der Trotzphase, seinen eigenen Willen
durchzusetzen. Was manchmal auch nicht möglich ist, weil es Gefahren
mit sich bringt, die ein Kind nicht abschätzen kann.
Da ist es vollkommen in Ordnung, dass die Eltern ihr Kind beschützen
und auch Verbote aussprechen.

Aber es ist deshalb umso wichtiger, dem Kind zu erklären, warum und weshalb etwas eben nicht so gehen kann, wie es sich dieses Kind - ohne sich groß Gedanken zu machen - in den Kopf gesetzt hat. Kinder handeln sehr emotional, und wenn keine Gefahr im Verzug ist, sind diese Erfahrungen genauso wichtig wie die Liebe und die Fürsorge, mit der sie aufwachsen sollten.

Denn genau dieser kindliche Glauben setzt voraus, dass wir auch ohne großes Hin- und Herüberlegen Entscheidungen in unserem Leben treffen, die unsere Seele für uns lange schon geplant hat.

Dabei kann es durchaus passieren, nicht gleich den erwünschten Erfolg zu erzielen, weil etwas außer Acht gelassen wurde oder der Zeitpunkt noch nicht gekommen ist, um dies oder jenes tun zu können. Nicht selten liegt es daran, dass sich das Ego sich einfach vorgedrängt hat - ohne Plan, nur aus purem Egoismus.

Doch bei vielen Menschen ist es wirklich so, dass sie sich ihr gesamtes Leben lang anpassen. Sie wollen es jedem recht machen, jemandem einen Gefallen tun, damit dieser zufrieden und glücklich ist, auch wenn sie selbst dabei zum Opfer werden. Wer hat das nicht schon erlebt: dass er für irgendjemanden etwas in die Wege geleitet hat, was ihm letzten Endes eher geschadet hat? Und jemand anderes hat dadurch etwas erreicht, was man selbst viel lieber für sich erreicht hätte, und was man sich schon lange erträumt hat.

Das ist von dir wirklich sehr edel.

Aber leider kannst du dich am Ende nur oberflächlich für den anderen freuen - oder vielleicht auch gar nicht -, weil du wieder einmal auf der Strecke geblieben bist. Und das tut weh.


Ist es noch ehrenhaft oder ritterlich - wie man so sagt -, wenn man am Ende des Tages nur noch seine eigenen Wunden leckt?
Hand aufs Herz: Wer ist wichtiger als das eigene Ich?


Es macht einen großen Unterschied, aus welchem Grund man sich für etwas oder jemanden einsetzt.

Niemand hat etwas davon, wenn du selbst zurückbleibst, nur weil man dir beigebracht hat: „Verhalte dich immer ruhig, sei bescheiden, lass anderen den Vortritt." So bist du zwar bei vielen gerne gesehen, aber es bringt dein eigenes Ich überhaupt nicht weiter. Wann immer deine Seele zu dir spricht, schiebst du es beiseite, hörst einfach nicht hin, ignorierst es, weil es ja nicht in den Lebensplan anderer passt. So ist das ganz sicher nicht gewollt oder gedacht.


Das ist bestimmt nicht der Weg deines Seelenplanes. Aber es wird im Laufe der Jahre so antrainiert und anerzogen. Dadurch wird die innere Stimme immer leiser und leiser, bis sie eines Tages ganz verstummt. Irgendwann bleibt da nichts mehr, was zu uns spricht. Es wird kein

Gedanke mehr daran verschwendet, dass da doch noch etwas in uns ist,
das gehört werden möchte. Wir selbst – oder unser Umfeld - haben es
uns abtrainiert.
„Erfolgreich abtrainiert".
Herzlichen Glückwunsch - war es das, was wir uns für uns gewünscht
haben?
Dann haben wir das Ziel erreicht, das uns auferlegt wurde. Auferlegt
von den anderen Menschen, von den Medien, vom System.

## 3.0. DAS EGO

Die innere Stimme ist das, was jeder hier auf diese Erde mitbringt.
Genauso ist in jedem von uns das Ego angelegt. Das Ego ist je nach der
einzelnen Persönlichkeit mal ausgeprägter und mal weniger ausgeprägt.
Aber Vorsicht beim Ego: Das Ego ist etwas anderes als die Stimme der
Seele.
Auch das hat seine Berechtigung.
Das Ego kommt nicht aus der Tiefe der Seele. Das Ego kommt von unserem Verstand; das Ego ist eine Kopfsache. Das Ego erwartet, es wer-
tet, es ist oft eigennützig aus Neid oder Missgunst anderen gegenüber.
Das Ego ist ebenfalls in jedem Menschen angelegt und ist auch nicht
ganz unwichtig. Es sorgt dafür, dass wir auf uns aufmerksam machen.
Das Ego sagt: "Warum sie oder er und nicht ich? Ich hätte das viel mehr
verdient als der oder die andere. Es ist mir nicht recht, dass der oder die
jetzt so viel Glück hat, und mich hat das Leben wieder übersehen, weil
ich zu ruhig, zu gut oder zu still bin."
Und je nachdem kann das Ego sehr ausgeprägt sein. Ob das gut ist oder
nicht, zeigt sich im Umgang miteinander. Ein sehr egoistischer Mensch
wird zwar immer oder fast immer sein Ziel erreichen, aber wer möchte
mit so jemandem zusammen sein oder wirklich befreundet sein?
Das Ego ist wichtig, aber in entsprechendem Maß.
Es ist so, dass jeder Mensch, der auf dieser Erde lebt, irgendein Ziel, ein
Muster oder eine Aufgabe verfolgt. Die einen beharrlich, die anderen finden ihren Weg erst viel später, manche leider niemals, weil sie zwi-
schendurch von ihrem Weg abgekommen sind, aus welchen Gründen
auch immer. Oft liegen diese Gründe weit zurück in ihrer Kindheit oder
in der Zeit der Neugier und des Erwachsenwerdens.
Falsche Freunde und kein festes Fundament unter den Füßen spielen
ebenfalls eine Rolle.
Und wenn man den ganzen Büchern glaubt, dann hat auch das seine
Berechtigung, und die Seele will oder muss eben diese Erfahrung machen, weil sie es sich so vorgenommen hat.

**Alles im Leben hat irgendeinen Sinn,
weil alles im Leben zwei Seiten hat.**

Wir Menschen haben die Wahl, und sicher hat jeder diese Erfahrung
schon gemacht, das er sich irgendwann mal für etwas entscheiden
musste in seinem Leben. Und genau das ist oft schwieriger, als zu wissen, dass es nur eine einzige Möglichkeit gibt.
Doch auch das stimmt nicht. Es gibt immer mehrere Möglichkeiten. Die
Sache ist nur die: Ziehen wir andere Möglichkeiten in Betracht? Oder

sagen wir von vorneherein: „Das geht für mich gar nicht, das kommt
überhaupt nicht in Frage, das ist nichts für mich, weil…?"
Und schon hat man eigentlich eine Wahl für sich getroffen, und zwar mit
dem Verstand, also dem Ego. Und das kann sich auch gut anfühlen -
und jetzt kommt´s -, weil die Seele damit in Resonanz geht.
Manchen Menschen fällt es schwer, eine Entscheidung zu treffen, und
sie machen gar nichts. Auch das ist eine Entscheidung. Dann wird es
seine eigene Dynamik annehmen und von anderen Faktoren entschie-
den.
Wenn eine Sache nur mit dem Kopf, ohne Einverständnis der Seele, ent-
schieden wird, so kann das auch funktionieren. Man arrangiert sich mit
der Situation, und sie passt zum Leben. Irgendwann denkt man gar
nicht mehr darüber nach, ob dieses eine reine Verstandsentscheidung
war oder ob sie einen zutiefst berührt. Es funktioniert, und alle sind zufrieden. Also alles okay.  Das Einkommen stimmt. Der Wohnort passt.
Mit dem Menschen an der Seite kommt man klar. Der Beruf macht eini-
germaßen Spaß, alles geht seinen Gang.

Wenn die Seele damit in Resonanz geht, dann kann man davon ausgehen, dass sie in dieser Sache etwas lernen möchte, dass da noch irgend
eine Erfahrung ist, die sie machen möchte. Was auch immer: Wenn es
so passt und sich tief im Inneren alles gut anfühlt oder zumindest keine
Zweifel aufkommen, dann braucht man auch nicht danach suchen.
Manchmal ist eine falsche Entscheidung besser als gar keine.
Aber sobald dieser innere Zweifel aufkommt und man mit der Situation
nicht mehr zufrieden ist und sich die ersten Stimmen melden, die tief
aus dem Herzen kommen, ist es keine Entscheidung mehr, die deiner
Seele guttut. Dann fängt der Kopf an zu überlegen, die Muster, die man
schon kennt, hervorzuholen, um sich selbst zu beschwichtigen:  „Du bist
undankbar, du hast doch alles, was willst du denn? Andere haben das
nicht, dir geht es doch gut: schönes Haus, gut bezahlte Stelle, Familie
usw." Solche Erkenntnisse bringt uns der Kopf. Und was noch verrückter
ist: Er hat ja recht.
Also könnte alles so bleiben, wie es ist.
Wäre da nicht irgendwo tief drinnen eine Sehnsucht, die nicht erklärbar
ist.
Man versucht sich dann, dieses oder jenes zu kaufen, um sich selbst
eine Freude zu machen. Dieser Kauf erfreut erst einmal und kann auch
kurz das Gefühl der Zufriedenheit auslösen.
Doch auch das wird nur von kurzer Dauer sein, weil man sich selbst
nicht eingestehen will, dass dies nicht im Seelenplan vorgesehen ist.
Was nicht bedeutet, dass man sich nicht etwas gönnen soll, wenn man
sich etwas wünscht oder etwas Schönes sieht, von dem man denkt,
dass man es gerne haben möchte.
Das ist damit nicht gemeint. Nur ist das dann sicher nicht Teil des

Seelenplans.
Deshalb wird sich das erhoffte dauerhafte Glücksgefühl auch nicht einstellen.
All diese Spontankäufe kommen nicht von der Seele, sondern vom Ego.
Was die Seele will, fühlt sich nicht an wie ein Spontan- oder Gelegenheitskauf.
Diesen Unterschied kann man deutlich fühlen.
Aber dazu muss man erst mal diese innere Stimme wieder wahrnehmen können.
Das haben viele Menschen im Laufe der Jahre verlernt - aus Bequemlichkeit oder aus Angst vor Konsequenzen, die man ja in dieser hektischen Zeit nicht auch noch braucht.
Das Zeitalter, in dem wir angekommen sind, lässt keinen oder kaum noch Raum für die Einkehr zum eigenen Ich, um sich selbst zu fühlen und wahrzunehmen, was unsere Seele uns zu sagen hat. Dazu muss man kein Zauberer oder Hexer sein; dazu braucht man sich nur zurückzuziehen - in die Natur oder in die Stille.
Das geht nicht von heute auf morgen, das braucht schon auch etwas Übung, aber je öfters man es versucht, umso besser gelingt es mit der Zeit.
Man kann das wieder erlernen.
Es ist ja da, es ist in jedem von uns vorhanden. Es geht nur darum, den Zugang zu sich selbst wiederzufinden.

## 4.0. DER LEHRMEISTER

Der beste Lehrmeister für mich ist die Natur. Nichts ist so vollkommen, ehrlich und rein wie die Natur.
Die universelle Macht hat uns die Natur zur Verfügung gestellt, um zu lernen, um zu lauschen, um zu genießen und um Ruhe und Frieden in uns und in der Natur zu finden.
Nichts ist so kraftvoll wie die Natur. Aber auch nichts kann so zerstörend sein wie die Natur, wenn sie zurückschlägt. Das haben wir ja in den letzten Jahren oft genug in den Medien gesehen und gehört. Darum sollten wir Menschen wieder lernen mehr im Einklang mit der Natur zu leben.
Die Zeichen Erkennen, den Tieren ihren Raum lassen, denn auch für sie ist ein Platz auf der Erde vorgesehen, um ebenfalls hier auf der Erde leben zu können.

**Achtsam mit Mutter Erde umgehen,** aber das ist ein anderes
Thema.

Wenn ich in der Natur bin, dann höre ich die Stimme der Natur.
Ich höre das Summen der Insekten, das ist so beruhigend und entspannend.
Der Wind in den Bäumen, die hoch in den Himmel ragen, mit einem
Stamm, der strotzt vor Kraft und dessen Herzschlag man fast spüren
kann, wenn man sich anlehnt .
Das muntere Plätschern des Baches, der da durch das Gebüsch blitzt
und im Licht der Sonne den Anschein erweckt, als würden Tausende
von Elfen darauf tanzen.
Je nach Jahreszeit den Duft der Natur zu genießen, tausend Gerüche
mit aller Schönheit, die sich nicht in Worte fassen lässt.
Die von Moos überzogenen Steine und Wurzeln, die das Gefühl vermitteln, als wären es kleine Kathedralen und Behausungen von Gnomen
und Feen.
Der Fantasie sind keine Grenzen gesetzt.
Wer so durch die Natur geht, sich einfach irgendwo niederlässt und
diese Vollkommenheit in sich einsaugen kann, der hat sich selbst ein
sehr großes Geschenk gemacht. Das kann man nicht kaufen mit allem
Geld der Welt.
Ich glaube alle Menschen sollten das wieder für sich entdecken. Hin und
wieder eine Auszeit nehmen vom harten Arbeitstag. Wie oft hat man
den Kopf bei ganz anderen Dingen, da kommt man überhaupt nicht erst
auf die Idee, sich rauszunehmen, weil noch tausend Dinge zu erledigen
sind, die jetzt und sofort gemacht werden müssen.
Dabei wäre es gerade dann für uns so wohltuend, eine Pause einzulegen. Einfach alles stehen und liegen lassen, was nicht lebensnotwendig
ist, und einen Spaziergang durch den Wald oder über die Wiesen machen, die Gerüche „wahrnehmen", sich selber „wahrnehmen". In sich
hinein hören: Was macht das in mir? Was löst das aus. Barfuß gehen,
die Erde spüren, festen Boden unter den Füßen haben.
Je mehr man darin Übung hat, umso mehr wird man erkennen oder Erkenntnisse erlangen, die das Leben bereichern und voranbringen. Das
ganze Leben wird sich neu anfühlen. Antworten auf Fragen, die du dir
vielleicht selber nicht geben konntest, werden sich plötzlich ganz klar
wie aus dem Nichts auftun.
Ideen oder Gefühle, von denen man glaubte, dass man sie gar nicht
hat, keimen auf und wollen genauer angesehen werden. Plötzlich ist da
wieder Dankbarkeit im Inneren zu spüren für so vieles, was man vorher
gar nicht beachtet oder bemerkt hat, weil man es einfach auch verlernt
hatte.

Sich die Zeit zu nehmen zur Innenschau: Was bewegt mich gerade? Wie
fühlt es sich an? Gibt es mir Frieden? Fühlt es sich passend an? Kann ich
so verweilen? Kann ich sogar Zwiesprache mit meiner spirituellen Führung halten? Bekomme ich Antworten und Zeichen?
Alles wird klarer: dein Kopf, deine Sinne, Träume bekommen ein Gesicht, eine Struktur oder eine Vision, wie sie früher bei den Naturvölkern
an der Tagesordnung waren.
Die Naturvölker früher brauchten nicht viel, sie waren mit ihrem Leben
glücklich, sie hörten auf die Winde und hatten ein Gespür für die Mutter
Erde, und lebten so im Rhythmus. Das möchte natürlich heute keiner
mehr. Wer möchte schon auf alles was wir heute an Luxus haben ver-
zichten.
Wir kommen aus einer Zeit des Überflusses, wir haben das nie anders
erlernt. Es gab immer von allem mehr als genug. Wer möchte heute
noch am Bach sitzen und seine Wäsche waschen, wenn die Waschma-
schine das doch so super für uns erledigt. Und so gibt es tausend Dinge
die wir haben und auch gar nicht anders wollen. Dabei gibt es heute
noch Völker, die sind noch nicht in der Zivilisation angekommen. Kaum
zu glauben, bei diesem Fortschritt.
Aber ich glaube sie sind glücklich.


**Wachse kräftig wie der Stamm eines Baumes,
grabe dabei deine Wurzeln tief in das Herz der Mutter Erde.
Lass deinen Geist, deine Gedanken hoch steigen, wie die Vögel
zum Himmel.
Spüre die wärmenden Strahlen der Sonne tief in deinem Her-
zen,
leite die Wärme durch deinen gesamten Körper.
Höre das Lied des Windes voller Dankbarkeit und spüre den
starken Atem der Erde, pulsierend in deinen Adern.
Rieche den Duft von Mutter Natur und sieh alle die Farben, die
sie für uns bereit hält.
Erkenne die Zeichen, Wunder und Worte, die überall für dich
zur Verfügung stehen.
Lass deine Seele zu dir sprechen.
Lebe im Hier und Jetzt, stets und immer.
Vergeude deine Zeit nicht, sei kein Suchender – „finde".
Deine Spirits werden dich führen.
„Vertraue."**

# 5.0. ERINNERE DICH

Irgendwann wird das im Leben einen festen Platz bekommen, dass man das Bedürfnis hat, sich zur Meditation zurückzuziehen oder raus in die Natur zu gehen. Auch ich musste mich erst wieder auf mich selbst besinnen.
Ich wusste, dass da in mir etwas schlummert, was man irgendwann mal zum Schweigen gebracht hat.
Als Kind habe ich viel mit mir selbst kommuniziert, so als würde ich mit jemandem ein Gespräch führen. Ich kann mich noch an manche Situationen erinnern, aber nicht mehr an die Gespräche.
Meine Großmutter hat mich mal gefragt, mit wem ich den sprechen würde, als sie mich reden hörte.
Ich weiß nicht mehr, was ich ihr geantwortet habe.
Was ich noch weiß: Ich habe immer geglaubt, dass um mich herum viele sind:
Einhörner, Engel, Feen, was man sich nur erdenken kann, und alle waren sie mit mir befreundet. Aber ich habe nie jemandem davon erzählt.
Ich habe auch manche Situationen erahnen können. Meine Gefühle haben mich nicht enttäuscht.
Leider war für so etwas kein Platz in dieser Welt. Wahrnehmungen, Ahnungen, Gefühle - nur das, was man sehen konnte, zählte. Alles andere musste man in sich begraben. Die inneren Stimme wurde ausgeschaltet, damit der Kopf seine Arbeit tun konnte, sozusagen. Das, was nicht ins Schema passte oder außergewöhnlich war, wollte keiner haben.
Bei niemandem und bei nichts.
Das ist bei vielen Menschen der Grund, warum sie diese Stimme nicht mehr erkennen oder hören.
Sie haben es sich abgewöhnt.
Der Verstand regiert und entscheidet. Die Mehrheit entscheidet. Die Regel entscheidet. Die Gewohnheit, wie es schon immer war, entscheidet, was das Beste für dich ist - weil alle anderen wissen, was das Beste für dich ist. So sei es, und so ist es.
Was sagen andere dazu, wenn du das so machst? So macht das sonst keiner. Das wird nichts, das ist nicht gut für dich. Mach es so und so, dann hast du nachher dies und jenes...
Wer kennt das nicht?
Schade, dass sich jeder für dich interessiert, wenn in deinem Leben wichtige Entscheidungen anstehen, die du zu treffen hast, und versucht dir seine Erfahrung unterzujubeln oder seine Meinung aufzuzwingen.
Vor allem wenn es um deine Belange geht und du überhaupt niemand um seine Meinung gefragt hast. Auch das gab und gibt es immer noch.

Manche Entscheidungen würde das Herz, die „Seele", ganz anders treffen als der Kopf - wenn man ihr die Chance geben würde.
Deshalb ist es wichtig, dass die Menschen wieder lernen, ihren Gefühlen zu vertrauen.
Ich bin sicher, jede Entscheidung, die mit dem eigenen Fühlen getroffen wurde, selbst wenn sie nicht dahin führt, wo man sich gerne wiederfinden würde, ist trotzdem eine gewollte Erfahrung und eine Bereicherung.
Sie ist Teil des Plans, der für dich vorgesehen war, den deine Seele machen wollte in der Zeit, in der sie hier ist, um zu wachsen und zu lernen.
Genau diese Einzigartigkeit ist es, die einen Menschen ausmacht. Man muss nicht das machen, was alle machen, sondern man sollte erkennen, was das eigene Ich für sich selbst erfahren möchte.

Ohne im Vorfeld zu bewerten, könnte das jetzt gut oder schlecht sein. Sondern es so wirken lassen, wie es sich für mich selbst anfühlt und ob es mich auch so erfüllen könnte.
Ich glaube nicht, dass eine Entscheidung, die mit dem Herzen getroffen wird, so katastrophal falsch sein kann. Ich glaube nicht, dass die innere Stimme der Seele uns etwas anbietet, das uns ins Verderben stürzt. Das halte ich eher für unmöglich.
Die Menschen haben leider vergessen, dass sie für sich selbst der beste Ratgeber sind.
Ich denke, der Grund dafür, dass man Rat für Situationen oder Ereignisse im außen oder bei anderen Menschen sucht, kommt daher, dass man selbst viel zu viel Wert darauf legt, was andere über uns denken.
Oder was über uns geredet wird, vor allem in ländlicheren Gegenden.
Da kennt jeder jeden, und es bleibt nicht aus, dass sich die Menschen dafür interessieren, was beim Nachbarn oder sonst einem Mitglied der Dorfgemeinschaft gerade ansteht oder passiert. Welches Schicksal, ob gut oder schlecht, im Augenblick den anderen ereilt hat. Ob man vielleicht Mitleid oder gar Neid in das Geschehene hineinbringt.
Dabei können andere gar nicht wirklich beurteilen, welches Gefühl oder Potenzial in einer bestimmten Sache steckt. Weil es eben nicht ihre, sondern die Sache eines anderen ist.

Die Indianer hatten dafür eine gute Lösung gefunden:

**„Beurteile nie die Entscheidungen eines anderen,
bevor du nicht in seinen Mokassins gegangen bist. „**

Daran sollte man sich wirklich öfter erinnern.
Für jede Sache, und sei sie auch noch so groß oder so klein, hat deine Seele bereits eine Lösung.
Die Lösung liegt in dir, aber dazu musst du den Zugang zu deiner Seele wiederfinden. Gehe in die Ruhe mit dir selbst, an einen Ort oder in einen

Raum, der dir vertraut ist, in dem du deinen Gedanken und deinen Träumen freien Lauf lassen kannst. Versuche nichts zu erzwingen. Aber lass dich nicht entmutigen, wenn es nicht gleich auf Anhieb klappt. Was über lange Zeit nicht gebraucht wurde, ist in unserem inneren weit hinten ablegt besser: versteckt???. Das kann man sich vorstellen, wie wenn man etwas irgendwo ablegt, weil etwas anderes neuer, besser, moderner oder angesagter ist.

Wie auch immer: Das Alte wurde abgelöst, und immer wieder legt sich Neues darüber. Zwar ist das alte noch da, es muss noch da sein, aber wo genau man hineinfassen muss, um es herauszuziehen, lässt sich nicht mit hundertprozentiger Genauigkeit sagen. Da können schon mal etliche Griffe ins Leere gehen.

Aber es ist da, und man wird es finden. Ganz sicher.

Ist es nicht wundervoll, so ein Potenzial in sich selbst zu haben.

Zu wissen, dass so ein unbezahlbarer Schatz in uns angelegt ist - in allen Menschen, egal welcher Herkunft, welches Geschlecht, ob arm ob reich. Jeder Einzelne, einfach alle Menschen, verfügen über dieses Potenzial. Das kostet nichts, und jeder kann darauf zurückgreifen, egal ob alt oder jung, ob arm oder reich. Es ist in uns, war schon immer in uns und wird für immer da sein, bis zum letzten Augenblick. Man muss es sich einfach wieder ins Bewusstsein zurückrufen.

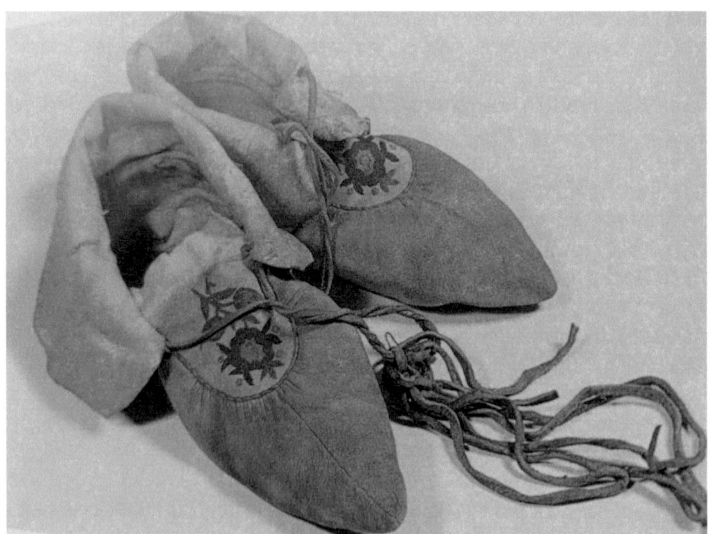

# 6.0. NICHT VERZWEIFELN „VERTRAUE DIR"

Es kann schon immer wieder mal Tage geben, an denen du das Gefühl
hast, dass du alles andere als angebunden bist an dein inneres Selbst.
Vor allem, wenn man gerade erst anfängt, auf seine innere Stimme zu
hören und dem Vertrauen in sich selbst „zu vertrauen". Der Grund für
die Zweifel ist meist der Kopf.
Der Verstand spricht oft eine ganz andere Sprache, und es ist ihm ein
Leichtes, dein Vertrauen zu erschüttern, wenn du an manchen Tagen
den Zugang zu dir selbst nicht findest. Das ist aber wie bei allen Dingen,
die man neu entdeckt: Wenn man gute Tage hat, ist alles viel einfacher,
als wenn einem aus irgendeinem Grund wortwörtlich eine Laus über die
Leber gelaufen ist.
Dann beginnt man, alles infrage zu stellen. Es kommen Gedanken wie
zum Beispiel: Ist das überhaupt meine Seele, die da zu mir spricht, oder
rede ich mir da etwas ein?
Diese Zweifel sind völlig normal, vor allem am Anfang.
Nun, ich kann dazu nur sagen: Wenn deine Seele dir etwas eingibt oder
zuflüstert, dann fühlt sich das so dermaßen anders an als alles, was du
dir in deinen Gedanken ausmalst.
Dieses Gefühl ist so stimmig und so real, dass man es einfach in Worten
nicht erfassen kann. Es zu beschreiben wird nicht gelingen. Selbst wenn
man das Wort „Vollkommenheit" gebraucht, bin ich nicht überzeugt, ob
es dieses Gefühl tatsächlich beschreibt. Was da in dir passiert, macht
keine Angst und fühlt sich einfach nur gut an. Manchmal zaubert es sogar ein Lächeln ins Gesicht. Es ist, als würde deine Seele in dir leuchten.
Dieses Vertrauen ist so stark, und alles, was du aus dem Seelenplan für
dich in Bewegung setzt, wird leicht gehen, weil es für dich vorgesehen
ist. Trotzdem gibt es noch das eine oder andere, was das Leben vielleicht schwer macht, was uns Sorge und schlaflose Nächte verursacht.
Das sind Erfahrungen, die deine Seele bei dieser Inkarnation machen
möchte, um zu lernen. Und genau dann solltest du den Zugang zu deiner Seele suchen. Sie wird dir sagen, wie du dich verhalten beziehungs-
weise was du dazu beitragen sollst, damit du an dieser Erfahrung wachsen und reifen kannst.
Deine Seele wird dich nicht enttäuschen oder bloßstellen.
„Vertraue", denn sie weiß immer, wohin der Weg führt.
Tausende von Freunden können dir noch so gute Ratschläge geben
(Ratschläge, das wissen wir alle, können auch Schläge sein), weil sie es
gut meinen. Aber dabei bleibt es. Du musst da hindurch, kein anderer.
Man kann diese Ratschläge annehmen und versuchen, danach zu han-
deln.

Es kann auch gut gehen, aber ist es dein Weg? Ist es das, was du für
dich willst? Werde diese Freunde für dich diesen Ratschlag ausführen?
Können sie wissen, was dein Seelenplan ist? Ich glaube nicht.
Freunde braucht man. Sie sind gute Zuhörer und Trostspender. Es kann
passieren, dass sich plötzlich der eigene Fokus verändert, wenn man mit
jemandem über eine Sache spricht, und das Ganze bekommt auf einen
Schlag ein anderes Bild, demzufolge auch eine andere Sichtweise.  Aber
was du für dich tun kannst, sollst oder möchtest, das kannst nur du alleine entscheiden. Habe Mut, vertraue dir, höre in dich hinein. Ver-
schließe nicht deine Sinne und Gefühle und verdränge das, was dich in-
nerlich so sehr beschäftigt.

Es wird nicht aufhören, nicht heute, nicht in vier Wochen und nicht in einem Jahr. Du kannst es erfolgreich oder weniger erfolgreich verdrän-
gen, aber es ist immer da. Und wenn der kleinste Windhauch darüber
wegstreift, wird es präsent sein. Du kannst deine Seele nicht belügen.
Du kannst deinem Verstand sagen, was er tun soll, aber nicht deiner
Seele. Und wenn du eine deiner Aufgabe nicht in ihrem Sinne lösen
kannst, weil du sie nicht hörst, so kann es sein, dass immer wieder in irgendeiner ähnlichen Form eine Situation in deinem Leben passiert.
Deine Seele möchte gehört werden, denn diese Absprache hat sie mit
dir getroffen, bevor du geboren wurdest.
Also lasst euch nicht entmutigen, wenn es mal nicht so richtig hinhaut.
Oftmals ist es der Druck, den man sich selbst macht, wenn es mal nicht
gleich so klappt. Dann versuche, den Kopf auszuschalten und zur Ruhe
zu kommen.


*Vertrauen heißt:*
*„Noch nicht zu sehen, aber zu fühlen,*
*noch nicht zu haben, aber zu wissen es ist auf dem Weg*
*in der Vorfreude und Erwartung zu schwingen.*
*Die dir innewohnende höhere Ordnung führt dich zum*
*Ziel."*

## 7.0. DIE SCHÖNSTE ZEIT VERBRINGE ICH MIT MIR

Wir sind in einem Zeitalter angekommen, in dem Technik und alles, was damit zu tun, hat einen sehr wichtigen Stellenwert in unserem Leben einnimmt. Denken wir nur an die Handys. Ich glaube nicht, dass es unter den Jüngeren noch viele Menschen gibt, die kein eigenes Handy besitzen. Schon im Kleinkindalter sind die Kinder total fasziniert von den Handys, und man muss sich wundern, wie gut und geschickt sie damit umgehen können.
Das hat sicherlich sehr viele Vorteile, aber auch sehr viele Nachteile.
Ich selbst nutze natürlich diese Technik ebenfalls.
Aber trotz allem gibt es bei mir noch Stunden, in denen ich mein Smartphone einfach irgendwo zuhause ablege.

Wenn ich in die Natur gehe, dann nehme ich es grundsätzlich nicht mit.
Es sei denn, ich möchte Fotos machen oder warte auf einen Anruf –
dann schon mal.
Aber das kommt eher selten vor.
Ich bin überzeugt, dass diese ganzen Strahlungen von all den elektro-
technischen Geräten nicht gesund sind. Man hat heute das Gefühl, es
geht nicht mehr ohne (auch ich denke das). Aber so oft ich kann, nutze
ich die Zeit, mich nicht wissentlich dieser ganzen Strahlung, die um uns
herum ist und durch das Universum schwirrt, auszusetzen.
Ich glaube, dass gerade diese ganze Geschichte - die Technik und all
das Drumherum - den Stress in den Menschen verursacht. Natürlich ist
sie praktisch und vieles mehr, aber sie erhöht auch den Stresspegel
enorm.
Was ich damit eigentlich sagen möchte, ist: Wenn ich mit mir selbst im
Kontakt sein will, wenn ich die Gespräche meiner Seele hören oder fühlen möchte oder einfach in Zwiesprache mit mir selbst gehe, dann
könnte ich das nicht, wenn ich immer noch meinen Fokus auf meinem
Handy hätte. Das passiert nämlich ganz automatisch.
Dann muss ich einfach ganz bei mir sein, im Hier und Jetzt. Ohne ir-
gendwelchen Druck und völlig neutral.
Natürlich kommen und gehen Gedanken.
Wenn ich draußen in der Natur bin, dann habe ich all die Eindrücke, die
um mich herum da sind.
Ich höre die Vögel zwitschern, schaue den Schmetterlingen zu, wie sie
munter auf und ab fliegen. Ich spüre die wärmende Sonne oder den
Wind auf der Haut, nehme alles wahr, aber ich bin trotzdem bei mir. Es
stimmt schon:
**„Die schönste Zeit verbringe ich mit mir selbst."**

**Das war auch nicht immer so.**

Es gab auch Zeiten, in denen ich mich verloren hatte und den Zugang
zu mir selbst nicht finden konnte.
Natürlich verbringe ich auch schöne Zeit mit meinem Partner, mit Freunden oder Bekannten - bitte nicht falsch verstehen. Aber die Zeit, die ich
mit mir  selbst verbringe, ist an nichts messbar.
Ich denke, dass man sich dafür auch selbst so lieben muss, dass es einem nicht schwerfällt, Zeit mit sich selbst zu verbringen.

Ich habe mal den Satz gehört:

***„Ich muss es mit mir aushalten, von mir weg kann ich nicht
und jemand anderer bin ich nicht."***

Dieser Satz hat sich irgendwie in mein Gedächtnis gebrannt, weil er so stimmig ist.
Es ist auch unheimlich wichtig für das innere Kind, dass jeder sich so annehmen kann, wie er oder sie ist. Es gibt viele Menschen, die durch irgendwelche Erfahrungen, oft schon in der Kindheit, den Zugang zu sich und zu ihrem inneren Kind verloren haben. Diese Menschen sind sehr arm dran.
Sie müssen lernen, wieder Vertrauen zu sich zu fassen. Sie müssen wieder lernen, dass das eigene Ich der wichtigste Mensch im eigenen Leben ist.
Natürlich würde eine Mutter nie ihre eigenen Bedürfnisse über die Bedürfnisse ihres schutzbedürftigen Kindes stellen, denke ich. Aber das sind dann die Ausnahmen.

# 8.0. LERNE WIEDER ZU TRÄUMEN

Wie oft hat man schon gehört, dass der Tellerwäscher zum Millionär geworden ist?

Nun, dazu kann ich nur sagen: Er hat geträumt und an seine Träume geglaubt. Und ich meine, seine Seele hat ihn auf den Weg gebracht. Sie wusste, welche Schritte er machen muss, damit sich Türen für ihn öffnen.

Das hört sich jetzt für viele an wie ein Märchen. Bestimmt denken sie jetzt: „Wem passiert das schon?"

Selbstverständlich darf man auch mal dem ganzen Alltag entfliehen, und einfach mal wieder seinen Träumen nachhängen. Ich glaube nicht, dass es Menschen gibt, die keine Träume haben.

Vielleicht lassen sie es entweder nicht zu und unterdrücken es erfolgreich, oder sie haben es einfach mit der Zeit abgelegt. Aber jeder Mensch hat irgendwelche träume.

Man sagt:

**„Willst du viel erreichen, dann träume groß."**

Es ist nicht verboten, sich Situationen oder Dinge auszumalen, so wie man sie gerne haben würde.

**Der Fantasie sind keine Grenzen gesetzt.**
Deine Gedanken kann niemand kontrollieren. Wer den Weg zu sich kennt, gefunden hat oder wiedergefunden hat, der kennt auch seine Wünsche und Träume.

Ganz egal wer, was, wo und wie du bist.

Träumen kann, darf und sollte jeder.

Wer sagt, wenn er einen schönen Traum hat: „Sowas klappt bei mir doch nicht. Nie im Leben, ich habe nie Glück.", hat schon den eigenen Traum niedergetrampelt.

Hör in dich hinein - wenn du die Anbindung hast, ist nichts unmöglich.

Ich muss zugeben, in meiner Kindheit hatte ich eine blühende Fantasie. Ich habe Dinge gesehen und Geschichten erzählt, die ich selbst geglaubt habe. Das hat man mir leider im Laufe des Lebens aberzogen. Man hat mir Glaubenssätze eingeprägt und Regeln auferlegt, die ich eigentlich nicht befolgen wollte. Aber wie das halt so war: Man musste in der Spur laufen, die die Eltern oder das Umfeld vorgegeben haben.

Wenn ich in der Schule vor mich hinträumte, musste ich öfter mal nachsitzen oder eine Strafarbeit machen. Aber bei meinen Lieblingsfächern

war ich immer voll dabei. Da bin ich über mich hinausgewachsen: bei Musik, Zeichnen, Handarbeit - alles was kreativ war, hat mich immer begeistert.
Aber leider haben diese guten Noten bei mir zuhause nicht die Anerkennung gefunden, die ich gerne gehabt hätte. Ja, man hat mir sogar gesagt, dass die im Leben nicht wichtig seien und dass dies keiner brauchen würde.
Nicht mal, wenn ich bei Zeichenwettbewerben gewonnen hatte - das ist mir öfter passiert, wenn ich mitgemacht habe – gab es ein Lob oder ein Wort, das mich stolz gemacht hätte.
So kam es dann auch, dass ich selbst daran geglaubt habe, dass dies alles nichts bringt fürs Leben.
Heute weiß ich es besser.

Darum: Hört nicht auf zu träumen! Das kostet nichts und schenkt Augenblicke des Glücksgefühls. Und vielleicht erfüllt sich dein eigener Traum, wenn er aus deiner Seele kommt. Sie wird es dich wissen lassen, ob es **dein** Traum ist.

# 9.0. MAN KANN DAS LEBEN NUR RÜCKWÄRTS VERSTEHEN

Diesen Satz habe ich auch oft gehört, und er ist wahr.
Im Nachhinein ist vieles verständlicher. Warum habe ich nicht gleich dieses getan oder jenes gelassen? Vermutlich war dies der Plan, den deine Seele so für dich gedacht hat.
**Alles, was du in deinem Leben erlebt hast, musstest du erleben.**
Das hört sich jetzt bestimmt nicht für jeden einleuchtend an. Aber alles, was du gemeistert hast oder gelernt hast, hat dich deiner Berufung nähergebracht. Wenn du schon als junger Mensch weißt: *Ich möchte dieses oder jenes werden, daran hätte ich Spaß und Freude*, dann ist jeder zu beglückwünschen, der dieses Ziel ohne große Schwierigkeiten erreichen kann. Dann hat er seinen Seelenweg wahrscheinlich schon gefunden und wird sicher auch zufrieden und glücklich sein Leben führen können.
Währenddessen müssen andere lange suchen, bis es bei ihnen soweit ist. Sie mühen sich ab, bringen aus ihrer Sicht große Opfer und müssen ständig über Stolpersteine gehen - nichts geht einfach nur leicht. Dazu kommen all die Probleme, die immer wieder auftauchen, und das Ganze eher zum Scheitern verurteilen, als zum lang ersehnten Ziel führen.
Am Ende hat man dann vielleicht endlich das Ziel erreicht und muss plötzlich feststellen: Das ist es nicht.
Am Anfang fühlt es sich noch richtig an, aber je mehr Zeit vergeht, umso weniger Erfüllung findet man in dem Erreichten. Und nicht selten merkt dann derjenige ganz schnell, dass er einer Illusion hinterhergejagt ist. Er ließ sich von etwas blenden, weil er dachte: *Wenn ich das noch erreiche, dann kann ich glücklich sein.*
Die Wahrheit ist jedoch: Das, was im Inneren keine Erfüllung ist, kann im Außen nichts ersetzen - **gar nichts.**
Selbst alle Schätze der Erde können dich nicht glücklich machen, wenn deine Seele nicht glücklich ist.
Alles, was im Außen ist, kann dich für kurze Zeit beruhigen, aber es wird dich auf lange Sicht nicht glücklich machen. Das Gefühl des absoluten Glücks kommt von innen.

Es gibt Menschen, die haben alles, was man sich nur vorstellen kann, und sind trotzdem unzufrieden. Sie machen alles um sich herum dafür verantwortlich, warum sie nicht glücklich sein können.
Selbst wenn ihnen die ganze Welt zu Füßen läge, wäre es immer noch nicht genug. Alle Reichtümer dieser Welt können dein tiefes Inneres nur kurz erfreuen, aber nicht berühren. Das ist wirklich sehr schade – solche Menschen werden niemals erfahren, was wahrer Reichtum ist.

Und es gibt Menschen, die haben so gesehen nichts, aber sie sind glücklich.
Diese Menschen haben das Leuchten ihrer Seele gespürt. Sie sind in ihrer Mitte.
Wer diesen Zustand erreicht, der hat das Leben Verstanden.


## 10.0. NICHTS IST SO ERFÜLLEND WIE EINE IDEE, DEREN ZEIT GEKOMMEN IST

Dieser Satz wurde einmal von jemandem gesagt, der in seinem Leben
schon viel erreicht hat.
Er hat es verstanden, seine Ziele zu verfolgen und die Stimme seines
Herzens zu hören.

Wenn etwas entstehen soll, dann reicht es nicht aus, einfach nur zu sagen: *So, jetzt mache ich dies und das, und daraus wird etwas Großartiges.* Das könnte passieren, aber ich denke, dies ist eher selten der Fall.
In den meisten Fällen geht dem eine Herzensidee voraus – ein Gedanke,
der aus deinem Inneren kommt.

Bestimmt hatte man vorher schon das Gefühl, dass man eine bestimmte
Sache gerne haben oder machen würde. Man denkt viel darüber nach
und stellt sich vor, wie es sein könnte oder wie man sich damit fühlen
würde. Dabei spürt man gleich, was im Inneren passiert:
Ob der Solarplexus anfängt zu kribbeln oder das Herz plötzlich höher
schlägt.
Vielleicht zaubert es einem sogar ein Lächeln ins Gesicht. Die Augen be-
ginnen zu leuchten, und die Gesichtszüge verändern sich. Oft breitet
sich ein euphorisches Glücksgefühl im ganzen Körper aus, und man
kann sich vor Tatendrang kaum zurückhalten.

So erlebe ich das.
Die Seele hüpft vor Freude, und dieses Gefühl lässt sich kaum in Worte
fassen.
Es gibt keine Worte dafür. Und selbst wenn, würde es wahrscheinlich
wie ein Satz aus einem Kitschroman wirken.
Das Beste daran ist: Deine Seele sagt nicht: *„So, jetzt gehst du zur Bank
und nimmst erst mal mehrere tausend Euro auf ..."*

Nein, viel besser – sie führt dich Schritt für Schritt zu deinem Ziel. Alles, was du benötigst, wird dir auf deinem Weg begegnen. Wenn es in deinem Seelenplan liegt, wird sich eines in das andere fügen: durch Zufälle, durch bestimmte Menschen, die plötzlich in deinem Leben auftauchen, und so weiter.

Du wirst immer das anziehen, was du als Nächstes brauchst.

Ich möchte nicht sagen, dass es niemals holprig sein kann - das kann durchaus passieren. Aber es wird nicht so sein, dass du schwer dafür kämpfen musst. Denn wenn es wirklich dein Weg ist, dann wird alles leichter fallen.

Es sollte einfach nicht so sein, das alles, was man anfasst oder plant, nicht realisierbar ist oder aus irgendwelchen Gründen nicht klappt, und du an deine Grenzen kommst. Dabei bist du seelisch und moralisch am Ende und verlierst den Glauben an dich und dein Vorhaben schon wieder, bevor du überhaupt beginnst.

In diesem Fall solltest du noch einmal tief in dich hineinhören und für dich klären, ob diese Sache wirklich aus deinem Inneren kommt, ob es die Gedanken deines Kopfes sind oder ob du tatsächlich in Verbindung mit deiner Seele bist. Du wirst es fühlen.

Aber wie gesagt, das erfordert Übung und Demut. Sowas geht nicht von jetzt auf gleich. Dein Geist und dein Körper müssen erst einmal zur Ruhe kommen.

Erwarte nicht, dass du dich jetzt hinlegst oder hinsetzt, die Augen schließt, und dann spricht deine Seele sofort zu dir. Besonders nicht, wenn du deine innere Stimme immer zum Schweigen gebracht hast und ein „Kopfmensch" bist. Dann gibt es zu viel äußeren Einfluss. Glaubenssätze, die dir über Jahre hinweg eingetrichtert wurden – gewollt oder ungewollt – tauchen plötzlich auf.

**„In der Ruhe liegt die Kraft."**
In diesen sechs Worten liegt die ganze Wahrheit.

Darum lass es reifen. Lass es sich in deinem Inneren entfalten. Schau es mit den Augen deiner Seele an und prüfe, ob es wirklich dein Herz und deine Seele erfüllen könnte - ob es Dich erfüllen könnte.

Und dann beobachte, was in deinem Inneren und im Außen passiert.
Hast du das Gefühl, dass du mit etwas tätig werden sollst?
Dann gehe den ersten Schritt und schau, wie sich alles weiterentwickelt. Wenn deine innere Stimme dir sagt, was als Nächstes wichtig ist, oder du ein Zeichen bekommst – vielleicht sogar im Außen –, dann höre genau hin.

Setze alle deine Sinne ein, denn deine Seele wird dich an die Orte, Stellen oder Gelegenheiten führen, die dir dienlich sind. Aber erzwinge nichts. Sei geduldig und aufmerksam, sowohl im Inneren als auch im Außen.

Vertraue darauf: Es wird alles zur rechten Zeit bereit sein.
Es wurde schließlich für dich vorbereitet.

## 11.0. Alles, was dir gut tut, ist für dich

Im Leben gibt es viele Situationen oder Begebenheiten, die uns erfreuen oder glücklich machen. Das tut uns und unserer Seele gut.
Und es ist das Recht eines jeden Menschen, sein Glück zu suchen und auch zu finden. Da gibt es keine Ausnahmen.

Manche Dinge im Leben kann man nicht vorhersehen oder sind zu gegebener Zeit einfach nicht änderbar. Aber nichts ist in Stein gemeißelt.
Es ist wichtig, dass jeder Mensch bei sich selbst bleibt. Das soll nicht bedeuten, dass andere Menschen uns nicht interessieren oder dass alle anderen uns egal sind - so ist das nicht gemeint.
Wir sollten natürlich andere Menschen wahrnehmen und ihre eigene Persönlichkeit respektieren.
Was andere tun und lassen, sollte aber die Sache der anderen bleiben.

Damit will ich sagen: Es steht jedem einzelnen Menschen frei, wie er sein Leben oder seinen Alltag gestaltet. Niemand hat das Recht, anderen vorzuschreiben, wie sie etwas tun oder lassen sollen, damit es ihnen besser geht oder sie sich glücklicher fühlen. Das kann nur der jeweilige für sich selbst entscheiden.
Auch wenn wir denken: *Würde derjenige es so oder anders machen, dann wäre das besser für ihn*, sollten wir keine Ratschläge geben, wenn wir nicht ausdrücklich darum gebeten werden.
Wenn wir nicht ausdrücklich um Rat gefragt werden, sollten wir keine Ratschläge verteilen. Denn es könnte sein, dass unsere Ratschläge überhaupt nicht zu diesem Menschen und seiner Lebenssituation passen. Sollte unser Rat jedoch erfragt werden, dann können wir bestenfalls von uns selbst ausgehen und das auch so kommunizieren.
Zum Beispiel:
*„Wenn ich in deiner Situation wäre oder wenn ich das für mich wollte, würde ich es so und so machen. Aber in deinem Fall musst du selbst prüfen, was für dich passt. Ich kann dir nur sagen, was ich tun würde, wenn ich in deiner Lage wäre."*

Außerdem ist Glücklichsein für jeden etwas anderes. Was den einen glücklich macht, muss den anderen noch lange nicht glücklich oder zufriedenstellen. Denn wir sind alle unterschiedlich, und jeder nimmt das Gefühl von Glück anders wahr. Jeder, der mit seiner Situation im Reinen ist und nichts daran ändern möchte, hat wahrscheinlich seinen Platz gefunden. Solche Menschen werden vermutlich auch nicht im tiefsten Inneren auf der Suche sein.

Die Seele kommt auf die Erde, um Erfahrungen zu sammeln und zu lernen. Jeder Mensch hat etwas in sich schlummern, das ihn antreibt. Und wenn dieses Gefühl nicht gestillt ist, wird er womöglich immer ein Suchender bleiben.
Das wird immer da sein - die einen finden es, und die anderen vielleicht nie. Wieder andere haben aufgegeben oder sich mit der Situation arrangiert. Dagegen ist nichts einzuwenden. Wenn sie so zufrieden und glücklich leben, warum denn nicht? Wie gesagt: Jeder hat die Möglichkeit, aber keiner muss.

Ich weiß, dass die Menschen früher nicht die Freiheiten hatten, sich um ihre eigenen Belangen zu kümmern. Das ist zum Teil in manchen Ländern auch heute noch so – vor allem dort, wo die Frauen bis zum heutigen Tag unterdrückt werden. Obwohl, wenn man es genau nimmt, keiner das Recht hat, einen anderen Menschen zu unterdrücken. Alle Macht, die ein Mensch haben kann, ist ihm von irgendjemandem gegeben worden, oder er wurde in ein System hineingeboren. Ob er damit umgehen kann oder nicht, bleibt eine andere Frage.

Macht ist ein sehr kräftiges Wort, und nur wenige wissen damit umzugehen. *„**Gib jemandem Macht, und du erkennst seinen wahren Charakter."***
Da ist sehr viel Wahres dran.


## 12.0. DU KANNST DAS


Das Universum versorgt uns mit allem, was wir zum Leben brauchen. Und unsere Seele weiß, was uns gut tut.

Bestimmte Dinge die funktionieren einfach nebenbei, ohne dass wir ständig darüber nachdenken müssen. Wenn ich morgens meine Augen öffne, muss ich mir nicht ständig sagen: *„Atme ein, und nun atme aus."* Das würde schiefgehen. Schon am ersten Tag würde mancher nicht genug Sauerstoff bekommen und dann ersticken. Das wäre gar nicht möglich.

Es ist in uns angelegt, und unser Körper macht das ganz automatisch, ohne dass wir uns kümmern müssen. Wir verlassen uns darauf, dass dieses System funktioniert.

Warum also glauben wir nicht genauso daran, dass wir auch eine innere Stimme haben, auf die wir uns zu einhundert Prozent verlassen können? Wir müssen nur mit ihr Kontakt aufnehmen - mit ihr in Gedanken oder Worten kommunizieren. Sie wird uns antworten.

Dazu braucht es aber den Glauben und das Vertrauen in die eigenen Fähigkeiten. Wenn meine Seele mir auf etwas antworten soll, kann sie das auf viele Arten tun: durch ein besonderes Gefühl, das sich nicht in Worte fassen lässt, aber sehr eindeutig ist. Oder durch einen Zufall - zum Beispiel sehe ich plötzlich irgendwo eine Antwort, eine Zahl oder einen Namen, und alles ist auf einmal völlig klar.
Vielleicht habe ich einen Traum, der immer wiederkehrt.
Oder sogar eine Vision. Eine bestimmte Situation, die immer wieder vor deinem geistigen Auge erscheint. Gedanken, die immer wieder da sind und in dir ein Glücksgefühl auslösen.
Ich weiß **„Du kannst das".** Versuche es am besten gleich.

Mach mit deinem *Ich* ein Date. Gehe in den Wald, auf eine Wiese oder einfach an einen Ort, an dem du dich wohlfühlst. Das kann auch zuhause sein, in einem Raum, in dem du dich gerne aufhältst. Es gibt ja solche besonderen Plätze - ich nenne sie Kraftplätze -, weil man dort spürt, dass die Energien fließen. Man fühlt sich geborgen und wohl.

Es ist wichtig, dass du zur Ruhe kommst und deine Gedanken kommen und gehen lässt, ohne einzugreifen oder länger an etwas festzuhalten. Du kannst dir auch eine Frage zu einer bestimmten Situation stellen. Wenn du das schon öfter gemacht hast, wirst du sicherlich eine Antwort erhalten. Vielleicht klappt es die ersten Male nicht gleich, aber im Laufe der Tage wird sich etwas zeigen.
Stell die Frage und lass dann los. Denk nicht weiter darüber nach – die Antwort wird dich finden. „Vertraue."

Was glaubst du, wie viele Menschen auf dieser Erde nicht an ihr höheres *Ich* glauben? Das sind oft die Nörgler, die sich ständig als Opfer der Umstände sehen. Dann ist dies und jenes schuld daran, warum es in ihrem Leben nicht so läuft, wie sie es wünschen. Und so kreieren sie Tag für Tag ihr Leben in ihrem Opferdasein.

Sie kennen ihr inneres *Ich* nicht, weil sie es erfolgreich niedergetrampelt haben. Vielleicht lesen sie Bücher mit Tipps, wie man das eigene Leben besser gestalten kann, aber vom Lesen allein wird sich nichts ändern.

Man muss schon auch etwas daraus lernen und dafür tun - zum Beispiel Innenschau halten:

- Wer bin ich?
- Was geht in mir vor?
- Wo möchte ich mich gerne sehen?
- Was sind meine Hoffnungen, Träume und Ängste?
- Was denke und glaube ich über mich?
- Warum glaube ich, dass alle etwas bewegen können - nur ich nicht?

Stell dir einmal die Frage:
**„Warum sollte ich nichts bewegen können?"**
Stell dir diese Frage und horch in dich hinein, was deine innere Stimme dir darauf antwortet.

Egal, welche Antwort du erhältst - stelle dir selbst immer wieder die Frage:
**„Warum?"**
Bis du eine klare Antwort hast, mit der du dich zufrieden gibst.
Glaub mir, etwas wird sich in dir tun.
Aber sei gut zu dir. Rede und denke dabei nicht abfällig über dich. Du bist eine Persönlichkeit, individuell, so gewollt und liebenswert.
Nimm dich selbst in Liebe und Fürsorge an, so wie du bist - mit allen Schwächen und Stärken.
Es gibt nur ein Exemplar von dir.

## 13.0. KANN ICH AUCH MAL DURCHHÄNGEN?

Darauf kann ich dir nur Antworten: **„Ja".**
Ja, du darfst ruhig auch mal durchhängen und keinen Zugang zu dir finden.
Es ist nicht der Weltuntergang, wenn du mal in schlechter Verfassung bist und den Zugang zu deiner inneren Welt, zu deiner Seele, nicht findest. Das kann passieren.
Ganz am Anfang, wenn man gerade damit angefangen hat, sich selbst zu entdecken, aber auch dann, wenn man schon sehr gut mit sich selbst vertraut ist.
Trotz allem: Jeder kann immer wieder mal einen schlechten Tag haben.

Das ist kein Weltuntergang und keine Katastrophe. Es ist einfach das normale Leben - mal einen schlechten Tag zu haben oder vor lauter Wald die Bäume nicht zu sehen.
Ich sage dir: Das geht vorüber. Sitz es aus oder, wenn du kannst, gehe in die Natur oder mach einfach gar nichts. Gedanken werden kommen und gehen, und deine innere Stimme wird sich trotzdem einen Weg suchen, um mit dir zu kommunizieren - wenn nicht am selben Tag, dann am nächsten oder übernächsten Tag.

Glaub mir, wenn du diesen Weg erst einmal beschritten hast, wird sich alles von selbst ergeben.
Sei gut zu dir und zwinge dich zu nichts.
In erster Linie: Sorge dafür, dass es dir gut geht. Versuche es auf deine Art und Weise.
Wichtig ist, dass du gut zu dir bist - alles Weitere wird sich für dich ergeben.
Egal, wie deine Seele mit dir spricht - du wirst es spüren, wenn es von deiner Seele kommt. Vertraue darauf, dass du deine innere Stimme wahrnehmen wirst.
Vielleicht hörst du ein Lied im Radio, liest eine Zeile auf einem Plakat, oder jemand erzählt dir etwas. Vielleicht hast du einen Traum, eine Idee... und so weiter. Die Antwort kommt spontan. Vielleicht denkst du gerade gar nicht mehr daran, aber dann wirst du sofort wissen, dass es die Antwort ist, auf die du gewartet hast.
Je öfter du diese Erfahrung machst, umso mehr Vertrauen wirst du zu deiner inneren Stimme gewinnen.
Und du wirst bald erkennen, dass du dein allerbester Freund oder deine allerbeste Freundin in deinem Leben bist.
Das heißt nicht, dass du andere Menschen nicht mehr in deinem Leben haben sollst – ganz im Gegenteil.  Es wird dir nur klarer werden, dass dein inneres *Ich* dich am besten kennt und dir ehrlich und aufrichtig zur Seite steht - in Freude, Leid, Glück und in jeder Situation.


## 14.0. GLÜCK ODER GLÜCKLICH


Das Lied, das durch das Laub der Bäume klingt, wenn der Atem des Windes sie berührt. All das sind Wunder, die täglich um uns herum geschehen und die kaum noch jemand wahrzunehmen scheint.

Das Glück, das wir alle suchen, kann uns kein anderer geben - auch
nicht der Partner.
Zumindest nicht das Glück, das aus der tiefen Seele kommt.
Damit will ich nicht sagen, dass der Partner uns nicht glücklich macht.
Das meine ich damit nicht. Natürlich macht die Liebe uns glücklich. Aber
es gibt so viele andere Dinge, die wir als selbstverständlich ansehen,
ohne groß darüber nachzudenken.

Dinge, die andere vielleicht nicht in ihrem Leben haben - wie zum Beispiel gesund zu sein.
Was nützt dir Ruhm und Reichtum, wenn du aus gesundheitlichen Gründen das alles nicht genießen kannst?
Es gibt so viele Kleinigkeiten, die uns ein Lächeln ins Gesicht zaubern
könnten. Doch oft denken wir nicht darüber nach, schätzen sie nicht
wert und sind nicht dankbar dafür.
Dankbar für alles Gute, das wir im Leben schon erhalten haben oder erreichen konnten.

Wir hören oder lesen, wenn jemand besonders *„Glück"* hatte - wenn
ihm eine gute Situation widerfahren ist. Oder wenn er ohne große An-
strengung etwas Großartiges erlebt, das sein Leben auf wunderbare
Weise bereichert hat.
Schnell wird derjenige dann beneidet: *"Warum er? Der hat doch gar
nichts dafür getan, um so ein Glück zu verdienen. Warum nicht ich?* Ich
habe immer nur Pech, mir widerfährt nie etwas Gutes, ich habe noch nie
im meinem Leben wirklich Glück gehabt."
Bestimmt hat fast jeder solche Gedanken schon einmal gehabt – oder
sogar laut ausgesprochen.
Hast du schon einmal den Satz gehört:
**„Es sind nicht die Glücklichen, die dankbar sind,
sondern die Dankbaren, die glücklich sind."**

Schätze es, wenn dir im Leben etwas Gutes gegeben wird. Nimm es
nicht selbstverständlich, sondern sei dankbar - aber nicht nur vorder-
gründig, sondern aus tiefster Seele heraus. Spüre dieses Glücksgefühl in
dir.
Spüre, wie es deinen ganzen Körper durchströmt, wie es durch deine
Adern rast, und schwinge auf dieser Welle. Lass dich von ihr tragen.

Dein ganzes Sein wird sich verändern, und das, was du ausstrahlst,
ziehst du hundert- und tausendfach an.
Freue dich von Herzen über die kleinen Dinge, die dir am Wegesrand
begegnen - auch wenn sie noch so unbedeutend erscheinen. Nur wer

sich auch an den kleinen Dingen erfreuen kann, der weiß wie, man wirkliche Freude empfindet.

Das kann eine erste Frühlingsblume sein, der Gesang der Vögel in den frühen Morgenstunden, ein Schmetterling, das Summen der Insekten über einer Blumenwiese oder der Flug eines Vogels, der majestätisch über dir seine Kreise zieht.

Auch die Liebe, die wir erhalten, sollten wir nie für selbstverständlich nehmen.

Wenn wir alles, was uns widerfährt, als selbstverständlich für uns verbuchen, bleibt kein Platz mehr für die Dankbarkeit. Irgendwann wird sich Unzufriedenheit einstellen, und der Fokus richtet sich nur noch auf das, was wir alles nicht haben.

Die kleinen Freuden am Wegesrand werden gar nicht mehr wahrgenommen, weil sie als selbstverständlich abgetan werden:
*„Das ist ja sowieso da, das ist ja für alle... der Duft der Natur, der Atem des Windes - das muss so sein, das ist nichts Besonderes."*

Weit gefehlt!
Irgendwann wird nicht mehr viel Gutes in dein Leben kommen.
Bald schon wird deine Ausstrahlung eine andere sein – die eines Nörglers, eines Egoisten, eines Geizhalses oder eines Menschen, der in der Opferhaltung verweilt, weil „ja im eigenen Leben nichts Gutes passiert".

Wen wundert es?
In dieser Haltung kann nichts Positives ins Leben gezogen werden.
Menschen, die im Einklang mit sich selbst sind, können diese negative Ausstrahlung oft nicht über längere Zeit ertragen. Dieses Verhalten zieht so viel Energie aus dem Speicher des Zufriedenen, dass dieser solche schlechten Energien lieber meidet.

Das führt dazu, dass der Unzufriedene noch mehr in seine Unzufriedenheit hinein gerät, in der Abwärtsspirale hängen bleibt und immer wieder die gleichen Schleifen durchläuft.

So wird das Glück kaum anklopfen - und wenn es doch mal vorbeischaut, könnte es sein, dass es nicht als solches erkannt oder gar wertgeschätzt wird. Stattdessen wird es vielleicht als „endlich verdient" angesehen, und die Dankbarkeit wird ausbleiben. Das Erhaltene wird dann eher als selbstverständlich betrachtet.

Wie es dann weitergeht, ist offensichtlich und kann sich jeder denken.
Natürlich es kann schon mal passieren, dass man einen schlechten Tag hat, an dem sich in uns Unzufriedenheit breitmacht. Das ist menschlich und wahrscheinlich - wird aber eher seltener vorkommen.

Das ist genauso wahrscheinlich, wie mal zu fallen, aber um danach wieder aufzustehen.

Denn solche Situationen sind in deinem Seelenplan vorgesehen. Sie dienen dazu, dass du wächst und Erfahrungen sammelst. Aber sie sind nicht dazu da, darauf zu warten, dass andere dir den Weg ebnen oder es dir leichter machen. Das können sie nicht – das ist nicht ihre Aufgabe.

Solche Momente rufen dich auf den Plan, um nach deinem Wissen zu handeln und zu agieren.
Jeder muss sein Leben so leben, wie er denkt, dass es gut für ihn ist und wie er es sich vorstellen kann – nicht so, wie Freunde, Bekannte oder Nachbarn es wollen.
Denn sonst ist es nicht mehr **dein** Leben.

**„Was du ausstrahlst, das kommt zu dir."**

Glück ist nicht immer nur Zufall.
Glück kann man lernen, glücklich sein kann man lernen.

## 15.0. DAS INNERE KIND

Bestimmt hast du schon von dem inneren Kind gehört.
Das innere Kind ist tief in uns verankert - es sind sozusagen Gefühle, Erfahrungen, Erinnerungen und Verhaltensweisen, die das Erleben, Denken und Fühlen im Erwachsenenalter beeinflussen. Es meldet sich meistens auf der Gefühlsebene.
Es ist in jedem von uns – ausnahmslos, egal, wie alt, ob Mann oder Frau, Jugendliche oder Kind.
Nimm es wahr, setze dich mit ihm auseinander. Es gibt viele Bücher, die dir helfen können, mehr über dein inneres Kind und die Heilung des inneren Kindes zu lernen. Darauf näher einzugehen, würde hier jedoch zu weit führen.

Manchmal ist das innere Kind ausgeglichen, manchmal traurig oder weint sogar. Manchmal hüpft es vor Freude, oder manchmal ist es einfach nur zufrieden mit allem, was ist - je nachdem, was ein Mensch erlebt hat. Vielleicht hat jemand schon in frühester Kindheit Verluste hinnehmen müssen oder Gewalttaten, Missbrauch oder Krieg erlebt.

Das sind Erlebnisse, die eine Seele tief verletzen können.
In solchen Fällen ist es schwer, den Schmerz, der so tief sitzt, zuzulassen und anzusehen. Aber genau das wäre wichtig, um den Schmerz zu bearbeiten, sodass er losgelassen werden kann.

Nicht wenige Menschen haben solchen Schmerz tief in ihrer Seele vergraben. Er ist nicht sichtbar, aber immer da. Dein Gefühl – dein inneres Kind – spürt diesen Schmerz, und das macht die Seele sehr traurig.

Doch das ist nicht alles.
Das Gefühl der Traurigkeit breitet sich im ganzen Körper aus und bringt Enttäuschung, Mutlosigkeit, Angst und Selbstzweifel mit sich. Es legt sich wie ein lähmender Schleier über dich und deinen Geist. Nicht selten schlägt es um in Wut oder Frustration gegenüber anderen Menschen oder allem, was dich umgibt.

Das ist eine schwere Bürde.
Hilf deinem inneren Kind.

Schaue in deine Seele, gehe tief in dich hinein.
Sprich mit deinem inneren Kind. Frag es, was es so verletzt hat. Schau dir den Schmerz an und lass ihn zu. Er darf da sein. Er hat ein Recht darauf, gesehen und gefühlt zu werden. Betrachte ihn von allen Seiten.
Hör auf, dich schuldig zu fühlen.

Vergiss nie: Kein Mensch ist vollkommen. Jeder ist eine eigene, wertvolle Persönlichkeit.
Nimm dein inneres Kind fest in deine Arme.
Hülle es ein in eine weiche Wolke voller Zuneigung und Liebe. Stelle es dir vor. Sage ihm, wie sehr es dir leidtut, dass es diesen Schmerz fühlen musste, und wie sehr du es liebst. Versprich ihm, von nun an sorgsamer zu sein und alles dafür zu tun, dass es diesen Schmerz nicht mehr fühlen muss.

Du darfst auch weinen oder ein Ritual dazu machen, wenn es sich für dich besser anfühlt. Deiner Fantasie sind dabei keine Grenzen gesetzt. Stell dir vor, wie der Schmerz aus deiner Seele steigt, wie ein Nebel, und sich langsam auflöst. Versuche dann, ihn gehen zu lassen.

Auch wenn es am Anfang schmerzt, lass die Gefühle kommen und gehen.

Mach es mehrmals, immer wieder - auch mehrere Tage -, bis es sich
leicht oder leichter anfühlt.

Sag deinem inneren Kind, dass du da bist und wie sehr du es liebst.
Schick ihm gute Gedanken.
Fang an, dich selbst zu loben, wenn dir etwas gut gelingt, oder wenn du
etwas hinter dich gebracht hast, was du schon lange vor dir hergescho-
ben hast, weil du geglaubt hast, dass du es nicht schaffen kannst.

Für alles, was du geschafft hast - und sei es noch so klein - zolle dir
Respekt und Anerkennung.
Mit der Zeit wirst du erleben, wie sich dein inneres Gefühl verändert -
und auch, wie sich dein Äußeres verändert, selbst wenn du es nicht sofort siehst. Deine ganze Ausstrahlung wird sich verändern.

Denn du bist an deiner inneren Erfahrung gewachsen und gereift, und
das strahlst du nach außen.
Versuche immer, in Kontakt mit deinem inneren Kind zu sein.
Gib ihm Liebe und Frieden. Spüre nach und stärke das Sonnenkind in
dir.

Bei Entscheidungen frage dich: *Wie geht es mir damit?*
Sage nicht Ja, wenn du Nein sagen möchtest. Stehe zu dir selbst.


**„Du bist dein bester Freund.**
**Du bist der, auf den du dich immer verlassen kannst.**
**Du bist der Regisseur deines Films.**
**Du bist der Schöpfer deines Lebens."**

# 16.0. WAS BEDEUTET IM FLOW SEIN?

Wenn jemand hart arbeitet, um sich Eigentum anzuschaffen und Wünsche zu erfüllen, dann tut er das, weil es aus seinem Innersten herauskommt. Dagegen ist nichts einzuwenden - solange er niemandem Schaden zufügt.

Im Flow sein - **„im Fluss sein"** – bedeutet, dass alles dahin fließt, schön im Einklang und natürlich, ohne Zutun, ohne dass jemand an irgendeiner Kurbel drehen oder einen Knopf drücken muss.
Man setzt eine Ursache, um ein Zeil zu erreichen, mit dem Wissen, dass die Dinge sich ganz von alleine entwickeln und alles Weitere zur gegebenen Zeit kommt.

Wenn man diesen Punkt erreicht hat, ist man vollkommen in seiner Mitte.

Und wenn dieser Zustand anhält, ist das der größte Segen, den man erlangen kann - dann hat man das Leben verstanden.

Doch der Weg dorthin scheint manchmal unmöglich in unserer heutigen Gesellschaft.
Die Menschen haben verlernt, auf ihre Seele zu hören. Jeder will in möglichst kurzer Zeit möglichst viel erreichen. Damit möchte ich nicht sagen, dass man sich nicht weiterentwickeln soll - auf gar keinen Fall.

Aber leider ist der Weg, der oft gewählt wird, nicht immer der, der gut durchdacht und ein Segen für einen selbst oder andere sein kann.

Die Seele inkarniert auf der Erde, weil sie lernen möchte - jede Seele. Sie möchte lernen und sich weiterentwickeln. Ich glaube, das weiß jeder oder zumindest ein großer Teil der Menschheit.

Doch wenn die eigenen Bedürfnisse nie wahrgenommen werden, wenn immer nur das gemacht wird, was andere von uns erwarten, dann läuft etwas gewaltig schief.
Wessen Leben wird dann gelebt? Bestimmt nicht das eigene.

Wie soll sich der eigene Seelenplan verwirklichen, wenn immer nur die Wünsche und Befehle anderer erfüllt werden, ohne die eigenen Interessen oder Wünsche zu fühlen, und wenn die Schreie der eigenen Seele nicht gehört oder zugelassen werden – aus welchen Gründen auch immer?

So wird niemals ein Flow zustande kommen.
Das ist einfach nicht möglich, weil nicht das eigene Verlangen gestillt
wird, sondern das, was andere für sich beanspruchen, um ihren eigenen
Flow zu kreieren.
Die Menschheit hat verlernt, was es bedeutet, im Einklang zu leben -  im
Einklang mit der Natur.
Die Erde wird zerrissen und ausgebeutet. Jeder möchte das größte
Stück vom Kuchen haben.
Viele glauben, dass sie mehr Rechte haben als andere und dass ihnen
das zusteht.

Die Naturvölker früher haben bestimmt auch nicht alles richtig gemacht
- keine Frage. Dennoch haben sie versucht, im Einklang mit sich und der
Natur zu leben. Sie brauchten weder Uhr noch Computer.
Es ist klar, dass heute so niemand mehr leben möchte oder kann - das
steht außer Frage.

Vielleicht sollte der Mensch trotzdem manchmal zu seinen Wurzeln zu-
rückkehren und darüber nachdenken, ob das alles so richtig läuft, wie es
jetzt ist.

Wenn etwas für dich vorgesehen ist, so wirst du es erreichen. Dann
wirst du im sogenannten Flow sein.
Eines wird sich zum anderen fügen - ganz wie von selbst.

Überlasse es deiner Führung und denke nicht weiter darüber nach. Sei
dankbar für alles, was du hast oder was zu dir kommt.
Versuche täglich, in die Ruhe zu gehen. Reflektiere.

## 17.0. DEIN HANDELN UND DEINE DENKWEISE

Erwarte, dass sich alles so fügen wird, wie es vorgesehen ist.
Versuche nicht, ein Ruder oder eine Weiche gewaltsam herumzureißen.
Schwimme mit im Strom, schwimme nicht dagegen an. Lasse dich auch
mal treiben. Vertraue darauf, dass die Seele den Weg kennt.

Sollte auch mal eine dunkle Zeit kommen, bleibe im Vertrauen. Versu-
che, es anzunehmen, so gut es geht. Lass es da sein und schau es an.
Du darfst traurig und enttäuscht sein, aber mach deinen Frieden damit.
Und dann lass es los.

Es soll weder dein Leben noch deine Gedanken dominieren
Wofür etwas gut war, erkennt man oft erst im Nachhinein. Nichts ge-
schieht einfach nur so.
Auch wenn wir es nicht gleich erkennen können, heißt das noch lange
nicht, dass es keinen Grund dafür gibt.
Versuche, im Flow zu bleiben.

## 18.0. HAST DU SORGEN, GEHE IN DEN WALD

Sollte dich das Leben mal so richtig beuteln und du kommst mit dir
selbst gar nicht klar, findest keinen den Zugang zu deinem Innersten
und kannst oder willst nichts wissen von Seele fühlen und innerem Frie-
den - dann versuch eins: Gehe in den Wald zum Waldbaden.
Ja, du hast richtig gelesen – der Wald heilt.
Wenn du stark schwitzt oder dich schmutzig fühlst, gehst du unter die
Dusche oder nimmst ein Bad.
Das ist für dich sehr wohltuend und gibt dir im Normalfall wieder neuen
Schwung.
Du fühlst dich gereinigt und besser.
Genauso verhält es sich mit dem "Waldbaden":
Du reinigst deine Gedanken und versuchst im besten Fall, ganz abzu-
schalten.
Nur noch du und die Natur – mit allem, was es zu sehen, spüren, rie-
chen, hören und erleben gibt – einfach zu genießen.
Mit anderen Worten: Du reinigst deinen Geist.

Das Gedankenkarussell wird für diese Zeit ganz abgestellt.
Du bist nur noch im Jetzt.
Deine ganze Aufmerksamkeit liegt in der Wahrnehmung des Augenblicks.
Gehe achtsam durch den Wald. Wenn du durch den Wald gehst, dann schärfe all deine Sinne.
Höre auf die Stimmen der Vögel, das Summen der Insekten, das Rauschen des Windes. Atme den Duft der Bäume, der Pflanzen, des Moses und des vielleicht feuchten Bodens.
Berühre die Pflanzen, spüre die starken Stämme der Bäume. Gehe sorgsam mit den Schätzen des Waldes um. Du kannst alles berühren, aber zerstöre nichts.

Es ist erwiesen, dass die Bäume heilende Duftstoffe abgeben und dass die Natur die Kraft besitzt, dich zu stärken und auf deinen Geist einzuwirken.

Wenn du aus irgendwelchen Gründen nicht in den Wald gehen möchtest, dann mach einen Spaziergang über ruhige Felder. Bringe deinen Geist zur Ruhe. Lass Gedanken kommen, schau kurz darauf und lass sie weiterziehen.

Ich verspreche dir: Es wird etwas mit deinem Innersten passieren.
Deine Sorgen oder Probleme werden nicht verschwinden, aber du wirst einen anderen Blick auf die Dinge bekommen. Du wirst klarer denken können, und manchmal wirst du eine Erkenntnis erhalten, die alles lösen kann.

Und diese Erkenntnis kommt nicht von deinem grübelnden Kopf - das wirst du selbst spüren.

Die Erkenntnis kommt aus deinem tiefsten Inneren - das wirst du fühlen, im Herzen und im Solarplexus. Sie wird ein angenehmes, warmes kribbeln in dir auslösen, das sich durch deinen ganzen Körper ausbreitet. Dieses Gefühl ist unbeschreiblich.

Es ist einfach zauberhaft, was die Natur bewirken kann. Mit neuem Elan und innerem Frieden wirst du beschenkt werden.
Sei nicht töricht und warte auf ein Wunder. Sei offen für all das, was die Natur hervorbringt.
Gehe achtsam mit dir selbst und allem, was da ist, um.

Erkenne die Kleinigkeiten, die es zu entdecken gibt. Ein kleiner Marienkäfer kann dir ein Lächeln ins Gesicht zaubern - aber du musst ihn sehen. Schmetterlinge in allen Farben und Formen fliegen von Strauch zu

Strauch. Verwunschene Höhlen in Baumwurzeln, die mit Moos bedeckt sind, verzaubern den Wald, als ob Elfen und Gnome darin wohnen würden.

Und vielleicht plätschert da irgendwo noch ein kleiner Bachlauf oder ein Wasserfall, und du siehst die Wassertropfen tanzen wie Perlen oder Elfen.

Das ist **unbezahlbar.**

Du wirst erkennen, dass jede Jahreszeit in der freien Natur ihren ganz eigenen Zauber hat.
Aber entdecken muss ihn jeder selbst.

# 19.0. NACHWORT

An Niederlagen können wir genauso wachsen wie an Erfolgen. Jede Niederlage bringt einen  Erfahrungsschatz mit sich. Das Leben fordert uns heraus - nimm diese Herausforderung an.

Zu scheitern ist nicht schlimm.
Es ist genauso wichtig wie ein Sieg. Gehe das Leben an. Nimm die Herausforderung an, und wenn da ein Problem auftaucht, dann löse es - nach deinem besten Wissen.

Schmeiß die Angst über die Mauer und gehe dann selbst nach.
Was kann dir schlimmstenfalls geschehen? Frage Dich: Was sagt meine Seele dazu? Was schlägt sie vor?

 Und dann: **Geh los.**

Auch mich hat das Leben vor viele Herausforderungen gestellt - Entscheidungen, Verantwortung, harte Rückschläge, Enttäuschungen und all die Dinge, die einem im Leben begegnen können. Jeder muss für sich selbst einen Weg finden, damit umzugehen.

Aber wenn du das erste Mal das **Leuchten deiner Seele** fühlen kannst, das ist wirklich *unbezahlbar*.

*Du kannst auf der Welt*

*alle belügen und betrügen,*

*niemals aber deine Seele.*


*Du kannst dir selbst etwas vormachen,*

*oder einreden.*

*Doch sie wird es niemals anerkennen.*


*Sie wird geduldig auf den Tag warten,*

*an dem du sie endlich hörst.*

*Und sie wird in all der Zeit,*

*in der du sie nicht hörst oder gehört hast,*

*nicht damit aufhören, mit dir zu kommunizieren -*

*auf die eine oder andere Art.*


*Doch wenn du sie erst einmal gehört hast,*

*wirst du dich Fragen:*

***„Warum habe ich sie nicht eher zum Leuchten gebracht?"***

## 20.0. IN MEMORIAM


Ich widme dieses Buch meiner Schwester Edeltraud, die viel zu früh von uns gegangen ist.

Sie hat als Erste das Skript gelesen.
Ich weiß, sie ist irgendwo da draußen und leuchtet als Stern für mich - für uns - in der Dunkelheit.

Danke, dass du immer an mich geglaubt hast.